学校で知っておきたい
知的財産権

❷権利をくわしく知ろう　法律編

意匠権
（意匠法）

特許権
（特許法）

著作物にかかわる権利
（著作権法）

実用新案権
（実用新案法）

知的財産権
（知的財産基本法）

商標権
（商標法）

育成者権
（種苗法）

商品等表示、営業秘密
（不正競争防止法）

地理的表示
（地理的表示法）

もくじ

はじめに

　知的財産は、目に見えない財産です。例をあげれば、頭で考えてつくりだしたアイデアや文章のこと。それをつかって便利な道具をつくったり、本を出版したりすれば利益をえることができます。だから財産なのです。

　もし、バッグのなかの貴重品がぬすまれたら、すぐに気づいて警察などにとどけるでしょう。でも、アイデアや文章は、ぬすまれてもなかなか気づきません。ぬすまれる、つまりまねされることがあっても、頭のなかのアイデアや文章をわすれてしまうことはないからです。また、ぬすむほうは、ものをとるわけではないので罪の意識がないことが多いのです。

　けれども、知的財産は法律で守られていて、自分のものだとうったえる権利があるし、ぬすむのは違法です。権利を守るため、違法なことをしないため、知的財産権について知るのはだいじなことです。

　この3巻のシリーズは、つぎのように巻をおいながら、知的財産権について3段階で知ることができるようになっています。

　第1巻　くらしのなかのどんな知的財産がどんな権利で守られているか
　第2巻　知的財産権が法律でどのようにさだめられているか
　第3巻　知的財産権がどのようにつかわれているか

　第1巻では、じっさいの製品や事柄をあげて、知的財産がどのようなものかを見ていきました。身近なお菓子や文房具のかげに、特許権、意匠権、商標権という権利がかくれていることがわかりました。ほかにも、著作権をはじめさまざまな知的財産権をとりあげました。

　知的財産権はひろい範囲にまたがっています。そのため、ひとくちに「知的財産権」といっても、産業にかかわる権利、文化にかかわる権利、農業にかかわる権利とさまざまで統一感がありません。なぜこのようなことになったのでしょう?

　このように、疑問をもったときには、それがなぜはじまったかまで立ちもどると、答えが見つかることがあります。権利は法律からうまれます。そこで第2巻では、知的財産権と、それにふくまれる特許権、商標権、著作権などをさだめる法律をとりあげながら、各権利について説明します。それぞれがどんな目的で、どんな法律で守られているか、どうやったら権利をみとめてもらえるかなどについて知ることができます。

　説明してくれるのは、おなじみのコン部、いえパソッチ部の面めん。1巻のおわりで、部長がいきなりパソコン部を〈パソコン・知的財産部〉に改名すると宣言しました。あまり乗り気でない部員たちと、つっぱしる部長。あのあとどうなったのか、部室をのぞいてみましょう。

知的財産権の歴史

知的財産権の歴史

わたし、日野美月。
パソコン部の部長です。
まえの巻で、知的財産の
おもしろさに気づき、
こんな宣言を
してしまいました……
回想シーン……
みんな、今日からコン部は、
〈パソコン・知的財産部〉
略してパソッチ部に改名します！
コン部
パソッチ
そして、みんなの反応は……
部長、本気ですか？
正直、知的財産って
よくわからなくて……
勇太
中学部２年生
ひらめき型の副部長
知的財産権って
お金もうけにも芸術にも
かかわっているんでしょ？
美結
中学部１年生
好奇心旺盛な書記
お金もうけじゃなく、経済！
そもそもなんで知的財産
なんだろう
陸
中学部１年生
のんびりやの会計
知的……
頭いいってことかな
さくら
小学部６年生
唯一の元気な小学部
ははは、日野さんが
こまっているようだね。
よし、知的財産についてちょっと
説明しよう
顧問の数学教師、高橋荒清
学園の知的財産係でもある

大むかし、人類はサルのなかまから進化し、二足歩行をはじめた。すると脳が発達し、さらに手もつかえるので道具をつくるようになった

そして生活に必要なものを石でつくりだしていったのだ

いっぽう、このころから人類は洞窟の壁に絵をかいていたことが知られている

つまり、生活のための便利な道具や、芸術的な作品をつくりだすことは、人類がはやい時期からおこなっていた活動だった。それらは脳の発達によってえた「知」がもたらしたものだ。こうした「知的活動」のおかげで、人間はさまざまなものをつくりだし、安全でゆたかなくらしを手にいれた

また、もののやりとりから経済のもとがうまれ、「財産」という考えもできてきた

石の道具ではじまった技術はどんどん高度になり、やがて人類は研究をかさねてものをうみだすようになった。これが発明だ

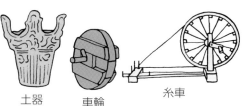

地図

土器　　車輪　　糸車　　ヘリコプター（設計図のみ）

じきに発明者は苦労したぶん利益をえたいと思うようになった。また、国は産業を発達させるために発明をだいじにした。産業とは、人のくらしに役立つものをつくることだよ。こうして、15世紀に、ベネチア共和国（いまのイタリア）で世界初の特許制度ができた。そして17世紀にはイギリスで、いまの特許法のもとになる法律ができた

特許でやる気がでた！

よかった、研究費がかせげる

世界初の特許をあたえられたベネチア共和国の建築家、フィリッポ・ブルネレスキ

18世紀に蒸気機関の特許をえた、イギリスのジェームズ・ワット

また15世紀には、ドイツの
ヨハネス・グーテンベルクが印刷機を
発明した。手で書きうつすのとちがい、
印刷機は短時間で大量の本をつくりだす。
つまり、あっというまに
コピー本がでまわると
いうことだ

グーテンベルクの
印刷機

そのためオリジナルの本を守るという考えかたがうまれた。
著作権のめばえだ。18世紀のはじめには、いまの著作権法の
もととなる法律がイギリスで制定された

うちの本をまねして
印刷されちゃ
こまるよ

まったくです

19世紀になると、欧米のおもな国ぐにで特許法、著作権法、意匠法、
商標法などがととのっていった

日本も、19世紀のおわりごろにあたる明治時代に、
特許権、著作権、意匠権、商標権制度をとりいれた。
まさに文明開化で欧米においつこうとしていたときで、
産業と文化の発展に知的財産がかかせなかったのだ

わたしたち
がひと役
かいました

福沢諭吉　　　　　　　　　　高橋是清

ふたつの大戦のあと、日本の経済は急成長した。
たくさんの発明やくふうにより、よりよいもの
をつくってほかの国ぐにに売り、
経済大国といわれるようになった

日本の輸出品

ところが、21世紀になると、
経済力をつけてきた国ぐにが
もっと安い製品をつくるよう
になった。そこで、日本は
物だけにたよらず、
価値のあるアイデアや情報を
もとに産業をきずきなおす
ことにした。それが形のない
財産、「知的財産」だ

2003年には知的財産基本法が施行された。それまでべつべつの法律で
あつかわれていた「知的財産」にかかわる権利をひとくくりに考え、
有効につかおうという法律だ

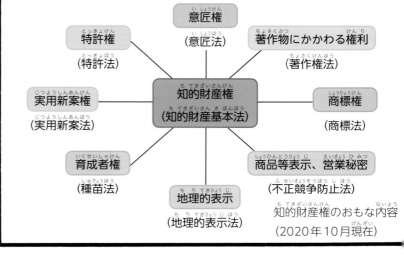

意匠権
（意匠法）

著作物にかかわる権利
（著作権法）

特許権
（特許法）

知的財産権
（知的財産基本法）

商標権
（商標法）

実用新案権
（実用新案法）

育成者権
（種苗法）

商品等表示、営業秘密
（不正競争防止法）

地理的表示
（地理的表示法）

知的財産権のおもな内容
（2020年10月現在）

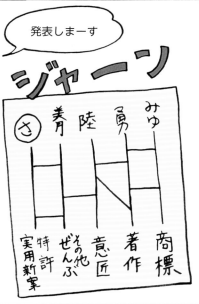

特許権
- ■関係する法律　特許法
- ■どんな法律？
  ・発明を発明者が独占する権利をあたえる
  ・多くの人に発明の内容を知らせることで、さらに
　よい発明をうながし、産業を発達させる
- ■所管する部署　特許庁
- ■審査　あり
- ■存続期間　出願日から20年

特許権は、発明のアイデアをほかの人にまねされないための権利。特許庁に出願して、審査がとおれば権利がもらえる。
出願から20年間は、発明者だけがアイデアを自由につかうことができるし、ほかの人に権利をつかわせてあげることもできるんだ

あ、わたしから左のフォーマットに書かれた項目の説明をしておくね。**所管する部署**は、法律にかかわる役所。**審査**は、出願の内容が、権利をあたえるのにふさわしいかどうかたしかめること。**存続期間**は、権利を独占できる期間のことです

アイデアを公開するわけ

いい発明のしくみをみんなが理解すれば、それをもとにさらにいい技術がうまれ、産業が発達する。ただし、せっかくの発明をただでおしえるのは不公平なので、20年間はごほうびとしてアイデアを自分だけのものにできる。

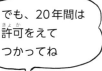

でも、20年間は許可をえてつかってね

これをもとにあたらしく発明するぞ

①アイデアがうかぶ

②アイデアを形にする

③しくみをみんなにおしえて、特許権をえる

■審査のポイント
・発明である
・産業に利用できる
・進歩性がある
・あたらしい
・いちばん先に出願した
・人の害にならない
・説明がきちんとされている

特許庁は、出願の内容が特許に適しているか審査する。その判断のポイントとなるのがこの7つ。これらがそろっていれば、特許権があたえられるんだ

じゃ、ひとつずつ説明するね

●発明である

特許法がさだめる発明とは……
自然法則を利用した技術的思想の創作のうち高度のもの
（特許法第2条第1項より）

自然法則とは？
万有引力の法則など宇宙で自然にはたらいているしくみのこと。人間は、こういった自然科学を研究し利用することで生活に役立つ発明をしてきた。トランプのルールなど、人がつくったとりきめには特許権はあたえられない。

技術的思想とは？
問題を解決するための技術で、知ってさえいればだれもがつかえるもの。ひとりの人が練習のすえできるようになった神わざリフティングのテクニックに、特許権はあたえられない。

創作とは？
それまでにないあたらしいものや方法をつくりだすこと。

人類はいろいろなものを発明してきた

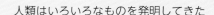

電話

スケボー、ジーンズ

かんづめ、カップラーメン、レトルト食品、ペットボトル

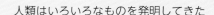

9

●産業に利用できる

産業は生活に必要なものごとをつくりだして売ること。
特許法はよりよい生活のためにあるから、じっさいにつかわれない学問のためだけのアイデアはみとめられない。
手術、治療、診断などの医療技術は、すべての人のためにつかわれなければいけないので特許で独占することはできない。

●進歩性がある

その分野のことを知っている人ならだれでも思いつくようなアイデアはだめ。たとえば、キャスターつきのいすをもとに、キャスターつきのつくえをつくっても進歩性はみとめられない。

●あたらしい

だれも思いつかなかったアイデアにあたえる権利なので、世界のだれもまだ発表していないものでないとだめ。基本的に出願まえに発売したり、雑誌やインターネットなどで発表したりするとみとめられなくなる。

●いちばん先に出願した

おなじものに対してたまたま複数の発明者がいたときには、先に出願した発明者に特許があたえられる。おなじ日に出願したときには、話しあいできめる。

●人の害にならない

犯罪や人としてゆるされないことにつかう発明に特許はあたえられない。たとえば、ニセ札製造機などはだめ。

●説明がきちんと されている

だれが読んでもアイデアの内容がわかるように、出願の書類がていねいに、きちんと書かれている。

出願からのながれ

4年目からは1年ごとに登録料をはらう。はらわないと、権利はなくなってしまうよ

0	1年6か月後	数年後	20年後
出願	ここで出願の内容が公開される。知らずにおなじ研究をすすめる人をなくすため	審査がとおり、3年分の登録料をしはらえば、特許権がもらえる！	権利終了

※くわしくは24、25ページを見よう

実用新案権

つぎは、実用新案権です。これは、特許権よりかんたんな技術にあたえられる権利。出願すれば、審査なしで登録されるよ。そのかわり、独占できるのは10年とみじかいんだ。そのほかは、ほぼ特許権とおなじ。実用新案のアイデアは、発明ではなく考案といわれる

実用新案権
■関係する法律　実用新案法
■どんな法律？
・特許権より高度でない技術をあつかう
・ものの形、構造、組みあわせをくふうしたアイデアを保護する
■所管する部署　特許庁
■審査　なし
■存続期間　出願日から10年

実用新案法がさだめる考案とは……
自然法則を利用した技術的思想の創作
（実用新案法第2条第1項より）

考案　　　　　発明

創作　　　　　高度な創作

＊9ページの発明の説明とくらべてみよう

特許権と実用新案権のちがい

	特許権	実用新案権
登録までの期間	数年（審査がとおらないこともある）	数か月（かならず登録できる）
権利存続期間	20年	10年
権利の強さ	強い	弱い（審査していないので、じつは要件をみたしていないかもしれない）

実用新案権は、ライフサイクルがみじかくてすぐに生産されなくなる製品に適している。

これで、特許権と実用新案権についての発表をおわります

パチパチ

勇太くん、ありがとう。
発明と考案ってレベルの差なんだね。
さて、つぎはさくらちゃん、おねがいね

はーい

特許と発明にまつわるいろいろな話

世界初の特許制度ができたのは15世紀のことだった。じつは、そのころはまだ太陽が地球のまわりをまわっているという天動説がしんじられていた。科学の原理がわからなくても、人は経験から技術を進歩させてきたのだ。けれども、近代科学により自然のしくみがわかってくると、人類はより高度な発明をすることができるようになった。ノーベル賞の科学の分野は、基本の理論もそれを応用した技術も対象とし、現代の科学技術の発展をあとおししている。

ガリレオ・ガリレイの特許

近代科学の父といわれるガリレオ・ガリレイは、多くの才能をもっていた。数学者、科学者のほかに技術者として、人に役立つ発明もしたのだ。

1594年、ベネチア共和国のパドヴァ大学で数学をおしえていたガリレオは、国のためにある発明をした。ガリレオによると、それは「農業用水をくみあげるための装置」で、「馬1頭の動力により、20の噴出口からつねに水がでてくるという、低コストで効率のいいもの」だった。

まだ試作品しかなかったが、ガリレオは、国に特許をねがいでた。

「わたくしは、この発明に多大な労力と費用をかけました。それなのに、だれもがこのしくみの恩恵にあずかってしまう」のは理にかなわないと。

国は、ガリレオがこの発明を手ばなす「苦悩」のみかえりとして、この発明の20年間の独占権と、金貨300枚をあたえることにした。

ただし、ガリレオが1年以内にこの装置をつくらなければ、ガリレオの権利はなくなるとされた。それがベネチア共和国での、特許権に対する考えかただったらしい。

科学者がもたらした「自然法則」

日本の特許法では、発明を「自然法則を利用した」創作としている。この自然法則とは、近代科学がもたらした発見だ。

ガリレオの時代には、世界は神がつくったもので、宇宙は地球を中心にまわっていると、だれもが思っていた。でも、ガリレオは観察や実験の結果を数学にもとづいて処理することで、まわっているのは地球のほうだと気がついた。地動説をとなえることは、神にさからうこと。ガリレオは裁判にかけられ有罪となった。しかし、ガリレオがまいた自然をありのままに見るという近代科学の種は、多くの科学者にひきつがれ、そだてられていった。

1687年、アイザック・ニュートンが、ガリレオの力学をもとに万有引力の法則をまとめ発表した。

1831年にはマイケル・ファラデーが、磁力の変化で電気がおきることを発見。その関係をファラデーの法則にあらわした。

遺伝については、グレゴール・メンデルが、特徴のちがうエンドウマメをかけあわせる実験に8年をついやした。そして1865年、メンデルの法則のもとになる論文を発表した。

このほかにも多くの科学者たちが、熱心に研究をつみあげ、自然界にひそむ法則をときあかしたのだ。

ガリレオ・ガリレイ

アイザック・ニュートン

グレゴール・メンデル

発明がうみだしたノーベル賞

　ノーベル賞のうみの親、アルフレッド・ノーベルは、ダイナマイトを発明した人だ。ダイナマイトの原料であるニトログリセリンは、19世紀のなかごろに発見された化合物。すこしゆらしただけでも爆発してしまう危険な爆薬だが、そのころ鉄道の土木工事や、鉱山での作業になくてはならないものだった。

　ノーベルは、この薬品にとりつかれ、研究をかさねた。そして、ニトログリセリンに珪藻土をまぜると安定し、爆発しにくくなることを発見したのだ。こうして、「安全な」ダイナマイトができあがった。ダイナマイトは、ノーベルに大きな利益をもたらした。ほかにノーベルは、軍事用火薬や石油の事業も手がけていた。また、一生のうちに350以上の特許権をとったといわれる発明家でもあった。

　いっぽう、わかいころから人類の平和に興味をもち、活動していた。そしてその遺言書には、ほとんどの遺産を、人類のために大きな業績をあげた人のために役立てたいという希望とともに、ノーベル賞設立のアイデアが書かれていた。ヨーロッパをまたにかけて仕事をしていたノーベルの遺産は、莫大な金額だった。

　ノーベルの思いを尊重する人たちと、遺言書にしたがってくれた親せきたち（彼らは莫大な遺産をのがしてしまった）のおかげで、世界でもっとも権威があるといわれるノーベル賞が1901年に誕生した。賞があたえられるのは、ノーベルが書きのこしたとおり物理学、化学、生理学・医学、文学、平和の分野。まさに人間のはばひろい知的活動をたたえる賞といえる。

アルフレッド・ノーベル

マイケル・ファラデー

技術をささえる発見と発明

　19世紀にマイケル・ファラデーが、磁気から電気をおこす発見をし、人類は、電気を自由につかえるようになった。電気は世のなかを大きくかえた。

　まず、工場などで、大きな装置をつかい蒸気でうごかしていたものが、電気でうごくようになった。電気は発電所を1か所つくれば、そこから電線をひいて工場や施設におくることができる。世界初の発電所をつくったのは、トーマス・エジソンだ。エジソンは夜をあかるくした電球も発明している。

　電気は、情報のつたえかたもかえた。以前は人が馬などにのってとどけた手紙が、電信によりあっというまに電文としてとどくようになった。電話が発明されると、声がそのままとどいた。そしてファラデーの研究を発展させ電磁波が発見されると、電気をとおす線がなくても信号をおくることができる、無線通信が可能になった。

　いまの時代にわたしたちが携帯電話で話すことができるのは、この無線技術のおかげだ。でも、いまの携帯電話になるには、無線のほかにもうひとつ必要な技術があった。「携帯できる」小型化の技術だ。

　むかしコンピューターなどの電子回路をコントロールしていたのは真空管だった。この装置は、携帯するには大きくてこわれやすく、またエネルギーの消費も多かった。やがて、半導体という物質の性質を利用して、真空管とおなじはたらきをする小さなトランジスタが発明された。これにより回路は小型化し、爪ほどの大きさのコンピューターができると、やっと電話が携帯できるようになった。

　このように、人間は電気や電磁波、半導体など、役に立つものを自然界から発見し、それをつかった発明で生活を便利にしてきた。発見と発明をくりかえし技術が進歩したのだ。

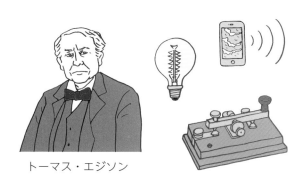

トーマス・エジソン

わたしは意匠権のことをしらべたよ。むずかしいことばがたくさんでてくるので、先輩たちにいろいろおしえてもらっちゃった。とくに勇太先輩。特許法と意匠法は、考えかたがほぼおなじだから。いっしょにしらべてくれて、ありがとうございました

では、発表をはじめます

意匠権

意匠権
■関係する法律　意匠法
■どんな法律？
・意匠（デザイン）を創作者が独占する権利をあたえる
・あたらしい魅力的なデザインにより、売れる製品をうみだし、産業を発達させる
■所管する部署　特許庁
■審査　あり
■存続期間　出願日から25年

意匠というのはデザインのこと。デザインを人にまねされないための権利が意匠権なんだ。特許庁に出願して、審査がとおれば権利がもらえる。25年間はデザインを自分だけのものにできるし、ほかの人につかわせてあげることもできるよ

特許権は質や性能といった製品そのもの、意匠権は見ためのデザインにかかわっている。質を見て買う人もいるし、デザインをだいじにする人もいる。どちらも産業のだいじな要素だね

デザインはぬすまれやすい

デザインは、見たそのままを、すぐまねできてしまう。だから、しっかり守っておかないといけない。登録すれば、おなじデザインだけでなく、にたデザインの製品もつくってはいけなくなる。

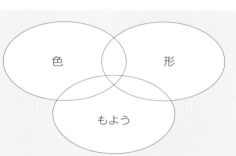

特許庁は、出願されたデザインを登録してだいじょうぶかどうか審査するよ。そのときのポイントがこの5つ。これらにぜんぶあてはまれば、意匠権があたえられるんだ

■審査のポイント
・意匠である
・工業に利用できる物品などである
・あたらしい
・創作性がある
・「登録できないデザイン」はだめ

これから、それぞれのポイントを説明します

●意匠である

意匠法がさだめる意匠とは……
物品の**形状**、**模様**若しくは**色彩**若しくはこれらの結合、建築物の形状等又は画像であって、視覚を通じて**美感**を起こさせるもの
（意匠法第2条第1項より）

色　　形　　もよう

つまり、意匠とは、製品、建築物、画像など産業にかかわるものを美しくするくふうのこと。

●工業に利用できる物品などである

工場などで複数生産できること。絵画、彫刻などの芸術品や、盆栽などの植物はだめ。

●あたらしい

すでに発表されているデザインとおなじだったり、にていたりしないこと。ただし、おなじ出願者がシリーズ製品としてにたデザインを登録したい場合はみとめられる。

●創作性がある

ほかのデザイナーなどが、かんたんに考えつかないデザインであること。

● 「登録できないデザイン」はだめ

登録できないデザインとは……
・差別的だったり、見て不快だったりするなど人の害になるもの
・有名なシンボルマークなどとにているもの
・パラボラアンテナの内側など、どうしてもその形でないと役目をはたさないもの

願書には、登録したいデザインがわかるような図をつける。

ななめから

まえから

下から

上から

【意匠権があたえられる物品の例】

食べもの

身につけるもの

生活用品

のりもの

趣味のもの

家具など

機械

パッケージ

【物品以外でみとめられる例】

建築物

店などのインテリア

アイコン

ネットショップなどの画像

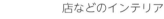

【画像でもみとめられないものの例】

ゲームの画像

映画やドラマの画像

待ちうけの画像

操作のための画像や、なにかの役目をはたすための画像しかみとめられない。

1年ごとの登録料

登録後は、1年ごとにきまった登録料をはらう。権利が必要でなくなれば、登録料をはらわずにすてることもできる。

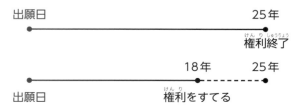

出願日 ────── 25年
権利終了

18年 25年
出願日 ────── 権利をすてる

デザインは、はやりすたりがあるから、25年たつまえに商品がなくなってしまうこともあるんだって

つぎの話は著作権が関係するから、美結先輩といっしょにします

ここでは、美術にかんする権利について考えてみるね

著作権		意匠権
純粋美術	美術工芸品など	応用美術

← 見てたのしむ　一点物 ────── つかう　たくさんある →

権利を考えるうえで、美術には3つの種類があるよ。それぞれが著作権や意匠権で守られているんだ

純粋美術
美術館に展示されている彫刻や絵画など

美術工芸品など
芸術的デザインをもつ、見てたのしむ工芸品など

← ここがわかれめ

応用美術
くらしにつかわれ、たくさん生産される産業的なデザイン

著作物かどうか

存続期間のちがいから、応用美術として意匠権で守られるか、著作物として著作権で守られるかは、大きなわかれめとなる。著作物かどうかは、訴訟できめられる。

訴訟で著作物とされた例（権利は著作者の死後70年）

焼きものの人形

子ども用いす

訴訟で著作物でないとされた例（権利は出願後25年）

家具などにはる木目の紙

食玩のフィギュア

リラックスチェア

法律では例をあげていないので、問題がおこるたびに訴訟となり裁判官が結論をだすの

うーん、むずかしいんだね

これで、発表をおわります

すごい！よくまとまっていたよ。つぎは、陸くんだね

パチパチ

産業のためのデザイン

意匠権にかかわるデザインは、目をたのしませるのではなく、製品を売ることを目的とする。産業と美術というふたつの面をもつこのデザインは、どのようにうまれそだってきたのだろう。デザイナーは、じっさいどのような仕事をしているのだろう。

応用美術のはじまり

　見てたのしむ美術ではなく、くらしにつかうものを美しくするための美術を応用美術という。この考えかたがうまれたきっかけは、18世紀後半のヨーロッパでおきた産業革命だった。

　産業革命により、それまでひとつひとつ手でつくられていたものが、工場で大量に安くつくられるようになった。それにより、多くの人の生活が便利になるいっぽうで、効率ばかりがだいじにされ、製品のデザインがなおざりにされた。

　これに眉をひそめたのが、イギリスのウィリアム・モリスだった。モリスはくらしのなかに美が必要と考え、壁紙やカーペット、ステンドグラスなどの美術工芸品の製作に力をいれた。

　20世紀になると、ドイツで工業製品にも美しさが必要という考えがうまれた。そして、1919年に有名な美術学校、バウハウスができる。校長は、建築家のヴァルター・グロピウス。機能と美しさをあわせもち、おなじ品質のものを多くつくるためのデザインをめざした。応用美術の誕生だ。

　日本では、戦後に応用美術がさかんになった。空襲ですべてがやけ、いちから産業を立てなおすなかで、デザイナーたちはやる気にもえていた。1950年代には、日本インダストリアルデザイナー協会や、GKインダストリアルデザイン研究所が設立され、すぐれたデザイナーが数多くうまれた。

グッドデザイン賞

　戦後、日本の産業はおどろくほどのはやさで立ちなおり、安い製品をどんどん輸出した。だが、その多くが欧米製品のまねだった。独自のデザインを考えるよゆうがなかったのだ。いま一部の国が日本製品をまねてつくることが問題になっているが、日本も以前はおなじことをしていたのだ。

　欧米の国ぐには、デザインをぬすまれたとおこり、日本製品の不買運動まではじまった。戦後の日本には優秀なデザイナーがいたのに、デザインをぬすむのはもったいないことだった。しかし、製造者がデザインのたいせつさを知らなければ、いつまでたってもものまねしかできない。

　日本独自のデザインが必要だとわかると、国は産業のためのデザインに力をいれはじめた。まずは製造者にデザインのお手本を知ってもらおうと、1957年グッドデザイン商品選定制度にもとづく「グッドデザイン賞」をつくった。審査委員には、坂倉準三、丹下健三、柳宗理など、日本を代表する建築家やデザイナーがいた。やがて、デザインが産業に根をおろすと、制度はなくなり、事業は国から日本産業デザイン振興会にひきつがれた。

　グッドデザイン賞は、いまでは日本人の生活になじんでいる。商品パッケージなどについている「Gマーク」を、だれでも一度は目にしているはずだ。

グッドデザイン賞の証であるGマーク

ウィリアム・モリス

ヴァルター・グロピウス

坂倉準三

丹下健三

柳宗理

プロダクトデザイナーの仕事

プロダクトデザイナー（製品のデザインをする人）があつかう製品は、家具、食器、文房具、生活用品、家電、携帯電話、自動車とはばひろい。このなかで、工場で大量生産される工業製品をあつかう人をとくにインダストリアルデザイナーという。

プロダクトデザイナーのなかには、製造会社の社員として仕事をする人もいれば、デザイン会社の社員や個人事業主として、さまざまな企業の製品を手がける人もいる。

おもに印刷物やwebなど2次元のデザインをするグラフィックデザイナーにたいし、プロダクトデザイナーは、チームの一員として形ある製品をつくる。ひとつの製品をつくるときには、機能、価格、安全性、見ため、つかいやすさなど、考えないといけないことがたくさんある。そのなかの見ためやつかいやすさを担当するのがデザイナーだ。ときには、安全担当者の意見をとりいれたり、予算の担当者をときふせたりと、たがいに話しあいながら形をきめていく。工業製品の場合は、工場でロボットがかんたんに組み立てられる形やしくみにすることも必要だ。

さらに、デザインするためには、その分野のことをよく知っていないといけない。自動車だったら、うごくしくみ、ハンドルでまがるしくみ、ブレーキでとまるしくみのほか、はしっているときにどれだけ風の影響をうけるか、交通規則で守らないといけないことはなにか、いまの流行はなにかなど、さまざまなことを考えながらデザインしていく。もちろん、登録された意匠でないかどうかにも気をくばらないといけない。

デザイナーというと、自分のすきなように芸術的なものをつくればいいと思いがちだ。でも、みんなが買いたくなる製品をつくるために、プロダクトデザイナーには、さまざまなことがもとめられるのだ。

プロダクトデザイナーの仕事のながれ

企画
- どんな製品を、どんな人のためにつくるのかをチームで話しあう
- 企画がすでにきまっている場合には、どんな製品なのか説明をきく

↓

市場調査
- にたような製品は売られているか、どんなデザインが人気かなどをしらべる

↓

ラフデザイン画をつくる
- だいたいどんな形にするのか、イメージを絵にする。チームの人たちに見てもらい意見をきく
- ここで、にたデザインは登録されていないか意匠権もチェック

↓

デザイン画を完成させる
- 製品をだれもがイメージできるように、こまかなところまでかきこみ、完成させる

↓

模型や試作品をつくる
- 立体的な模型をつくったり、じっさいの材料をつかうなどして試作品をつくったりする
- 問題があればデザインを修正する

↓

デザインの完成
- 問題がすべて解決したら完成
- 設計、製作部門でじっさいにつくってみてうまくいかない場合、デザインの修正がもとめられることがある

ぼくは、商標権についてしらべました。
商標というのは、商品名やその商品にかかわる
マークなどのこと。いわゆるブランドだね。
たとえば、ぼくがいつもスーパーの棚から
「おはにこ牛乳」をまよわずえらべるのは、
商品名と笑顔のマークのおかげ。
買う人と製品をつないでいるのが商標なんだ

商標権

商標権
■関係する法律　商標法
■どんな法律？
・商標を独占する権利を守り、使用者の信用をたも
　つことにより産業を発達させる
・使用者の信用をたもつことで、商品やサービスを
　うけとる人たちの利益も守る
■所管する部署　特許庁
■審査　あり
■存続期間　登録日から10年（更新可）

商標は、商品やサービスをほ
かと区別するためのものなの
で、おなじマークがつかわれ
たりするとまぎらわしくなる。
そのために、まねされないよ
うに独占する権利が商標権。
登録すれば、まったくおなじ
でなく、にているだけでもほ
かの人はつかえなくなるよ

そうか、企業や商品の名が知
られるようになるってことは、
買う人にとってもありがたい
んだ。みんなに信用されてい
れば、安心して買えるからね

更新するほど価値があがる

商標を長くつかうほど、商品やサービスの
信用は高まる。
そのため、商標権は、更新手続きをしなが
らずっともっていることができる。
10年ごとに更新があるのは、販売終了な
どでつかわれなくなった商標を整理するた
め。

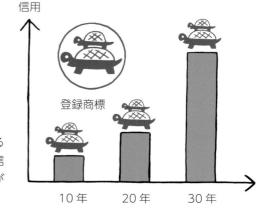

信用

登録商標

更新するたびに信用はあがる

10年　20年　30年

■審査のポイント
・商標である
　＊見たりきいたりしてわかる、文字、図形、記号、
　　立体、色、音など
　＊消費者がまちがったものを買わないために、商
　　品とサービスにつかわれるもの
・ほかの商品やサービスと区別しにくいものはだめ
・「登録できない商標」はだめ
・いちばん先に出願した

特許庁は、商品やサービスを、茶、時計、人形、宿泊施設の提供などとこまかく区分していて、審査は区分ごとにおこなわれる。
もしお茶の商標で、RIKUUMA がすでにつかわれていたとしても、時計の商標でつかわれていなければ、RIKUUMA を時計で出願することができるよ

では、ポイントを見ていきます

●商標である　見たりきいたりしてわかる、文字、図形、記号、立体、色、音などとは……

文字

RIKUUMA

図形

記号

立体

動き

動く看板やCM映像など

組みあわせてもいい

ホログラム

色

音

位置

ホログラフィなどの技術により、見る角度によって変化したり、立体に見えたり、ひかったりする

色だけで商品が連想できる

CM などでながれるきまったメロディ

商品のきまった場所にある図形など

※くわしくは第1巻 26、27 ページを見よう

21

●ほかの商品やサービスと区別しにくいものはだめ

ことばや図形などを独占できるので、はばひろい意味をもつ、だれもがつかいたい、だれもが思いつくといった商標はみとめられない。

・商品そのまま　　・すでに多くの人になじみがある　　・商品の特性そのまま

「お茶」という
お茶の商標

オランダの船の絵をつかった
カステラの商標

すべらない床材に
「スベラーヌ」という商標

絵の具の図形をつかった
絵の具の商標

・ありふれた名字などをつかう　　・かんたんでありふれたことば

「田中商店」という
店の商標

「R2」という
お茶の商標

☆だけをつかった
お茶の商標

ただし、長年使用された結果、多くの人がその商標と商品・サービスをむすびつけて考えるようになったものは、その証拠を提出することでみとめられることがある。

●「登録できない商標」はだめ

「登録できない商標」とは……

・国内外でおおやけにつかわれる印とまぎらわしいもの

国旗　　　国際連合旗

※赤十字のマーク（※は画像下の説明）

赤十字のマーク

・差別的だったり、見て不快だったりするなど、人の害になるもの

・消費者を混乱させるもの

「RIKUコーヒー」
というお茶の商標

「パンダアーモンドチョコ」のような、単語をならべただけのもの（「パンダ印のアーモンド入りチョコ」ならいい）

●いちばん先に出願した

先におなじ商標が登録されている場合だけでなく、にたものでもみとめられない。「RIKUUMA茶」があれば「RIKKUUMAの茶」、「RIKUUMAティー」などはみとめられない可能性が高い。

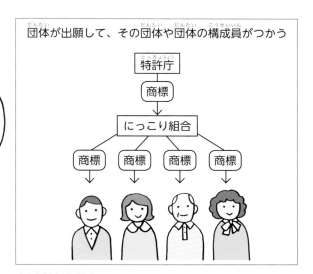

団体が出願して、その団体や団体の構成員がつかう

団体商標と地域団体商標

これまで説明した
商標は、出願者にだけ
つかう権利があった。
でも、みんなでつかう
ための商標もあるんだ

団体商標

・商店街の各店にはったり、同業者の団体がつけたりする

商店街のマーク

同業者団体のマーク

地域団体商標

・地域の特産物につけるための団体商標
・地域名＋商品名で、地域的に名が知られていればいい

有田みかん　草加せんべい　東京フグ
松阪牛　今治タオル　（産地ではないため）
道後温泉

大阪がんばれ
（商品名ではないため）

すでに地域名がついた形で普通名詞になっている
ものはみとめられない。

例

伊予かん　　薩摩いも　　伊勢えび

商標って、商品と
サービスのでどころを
しめす、信用をたもつ、
広告となるという役割が
あるんだよ。
では、これで発表を
おわります

ありがとう、陸くん。
どんな名前でも商標登録
できるわけじゃないんだ

じゃ、つぎは
美結ちゃんです

はい

特許権までの道

権利をえるのに審査が必要なのは特許権、意匠権、商標権。出願から３つの権利にたどりつくまでの道はほとんどおなじ。ここでは特許権がほしいＡさん、Ｂさん、Ｃさんの、出願から権利をえるまでを見ていこう。

特許出願

Ａさん　Ｂさん　Ｃさん

方式審査

出願書類の形式が正しいか、手数料をはらっているかなどをチェック

特許庁担当者

拒絶理由通知

Ｂさん　Ｃさん
あらたな拒絶理由が見つかった場合、また意見書や補正書を提出

意見書・補正書

拒絶査定不服審判

拒絶の決定が正しかったかを３名または５名で話しあってきめる

審判官

よかった

Ｃさん

登録料のしはらい

訴訟
知的財産高等裁判所に特許庁の決定をとりけしてほしいとうったえる。
みとめられれば……

拒絶審決

特許審決

出願審査請求

実体審査をしてくださいと、あらためて
たのむこと
3年以内にしなければ出願はとりけしと
なる
＊意匠権と商標権にはこの部分はない

Aさん　　　Bさん　　　Cさん

書類がそのままとおることもあるが、とおらない
場合は、審査官が理由を説明する。出願者は、自
分の意見をいったり、だめだった部分をなおした
りして審査官にみとめてもらえるよう努力する

拒絶理由通知　　　　　　意見書・補正書

出願公開

出願後1年6か月すると、出願の内容が
公開される
ほかの人が知らずにおなじ研究をしたり、
出願したりすることをふせぐため
＊商標権では「出願があったとき」公開
する
＊意匠権にはこの部分はない

実体審査

出願の内容が権利
にふさわしいかど
うか要件にそって
チェック

担当審査官

拒絶査定不服審判請求

拒絶査定　　　　　　特許査定

わーい

Bさん

やったー

Aさん

登録料の
しはらい

登録料の
しはらい

著作物にかかわる権利

著作物にかかわる権利
■関係する法律　著作権法
■どんな法律？
・著作物とその実演、レコード、放送、有線放送などにかんする権利をさだめる
・著作物をみんなで利用できるようにしながら、著作者の権利を守ることで文化を発展させる
■所管する部署　文化庁
■創作されたときなどに自然に発生
■存続期間（著作権）　作者の死後70年、映画は公開後70年

わたしは、著作物にかかわる権利についてしらべました。産業ではなく文化にかかわる権利で、どこかに出願してみとめてもらうのではなく、作品ができたときなどに自然にうまれるの。だから、著作者もほかの人も権利の存在をついわすれてしまいがち

・著作権の存続期間

作品完成（権利発生）　　作者死亡　　　　　　　権利終了
　　　　　　　　　　　　　　　　70年

映画公開（権利発生）　権利終了
　　　　　70年

著作権法がさだめる著作物とは……

思想又は感情を創作的に表現したものであって文芸、学術、美術又は音楽の範囲に属するもの
（著作権法第2条第1項）

著作物とはこんなもの
・考えたことや感じたことを、文、絵、歌、曲、おどり、芝居、動画などの形で表現したもの
・ただのアイデアではなく表現の結果が著作物

小説、脚本、論文
など

舞踊または無言劇

建築

映画

写真

音楽

地図や学術的な図面、
図表、模型など

絵画、版画、彫刻
などの美術

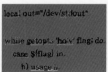

プログラム

鑑賞者

著作物の
まわりには、
さまざまな
権利があるよ。
大きく
わけると、
こんな
感じです

著作者と読者・鑑賞者を
つなぐ人たちの権利

著作者の権利

著作
隣接権

著作者
人格権

著作権
(財産権)

出版権

読者

著作者の権利

著作者人格権

著作者から
きりはなせない

著作権（財産権）

人にゆずる
ことができる

著作者人格権　著作者の表現がそこなわれない
ための権利。

公表権
作品を発表するかしないか、いつどうやって発表するかは
著作者がきめる。

氏名表示権
名前をだすかどうか、実名でだすかペンネームでだすかは
著作者がきめる。

同一性保持権
著作者の思いのこもった作品を、ほかの人がかってに変更
してはいけない。

著作権（財産権）　著作者がもっていて、ほかの人にゆずることのできる権利の束を、まとめて著作権（財産権）という。

展示権
著作物を
展示する

複製権
著作物を
コピーする

上映権
著作物を
うつしだす

譲渡権
著作物を
売る

上演権
著作物を
上演する

演奏権
著作物を
演奏する

貸与権
映画以外の
著作物をかす

頒布権
映画の著作物を
映画館などに売ったり
かしたりする

公衆送信権
テレビ、ラジオ、
インターネットなどで
著作物を配信する

翻訳権・翻案権
著作物を翻訳、編曲、
変形、脚色、映画化など
してべつの作品をつくる

二次的著作物の利用に
かんする原著作者の権利
翻訳、翻案による
作品の利益の一部を
もらうこと

口述権
著作物を
朗読する

著作者にことわりなくこれらのことを
してはいけない。

著作隣接権

曲や脚本などは、書かれただけだと紙やデータでおわってしまう。多くの人にとどけるためには、演じたり、配信したりしないといけない。
だから、著作物をとどける人たちにも権利がある。それが著作隣接権。存続期間は実演、録音後70年、放送後50年。

放送事業者・有線放送事業者

テレビ局、ラジオ局など

<u>おもな権利</u>
放送をコピーする
放送を受信して、さらにそれを放送する
放送を受信してインターネットなどにあげる
放送を受信して超大型テレビなどのディスプレイにうつす

著作隣接権をもつ人にことわりなくこれらのことをしてはいけない。

実演家

俳優、舞踊家、演奏家、歌手、ダンサー、指揮者、演出家など

<u>おもな権利</u>
氏名表示権、同一性保持権（これらは人格権）
実演を録音・録画する
実演を放送する、インターネットなどにあげる
録音したものを売る、かす
録音されたCDなどが放送されたときに使用料をもらう

レコード製作者

<u>おもな権利</u>
録音した著作物を複製してCDなどをつくる
録音した著作物をインターネットなどにあげる
CDなどが放送されたときに使用料をもらう
CDなどを売る、かす

著作権（財産権）と著作隣接権の関係（ミュージカルの場合）

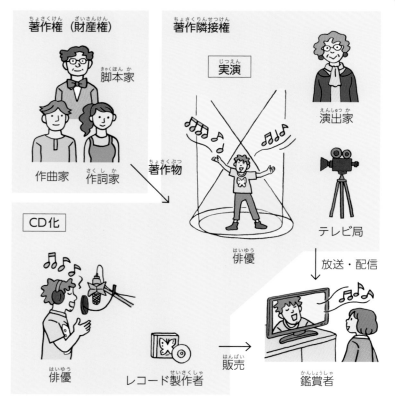

著作権（財産権）
脚本家
作曲家　作詞家
著作物
CD化
俳優
レコード製作者
販売

著作隣接権
実演
演出家
テレビ局
俳優
放送・配信
鑑賞者

出版権

出版社などが、著作物のなかみをかえずに文章や絵などを独占して出版する権利。
もともと著作権は、印刷機の発明で本の大量コピーができるようになったときに、出版社（当時は印刷もしていた）を守るためにできたもの。だから、著作物にかんする権利のなかでいちばん長い歴史がある。

著作者など
複製権をもつ者
ほかの出版社から出版してはいけない

出版権の設定

出版社
出版を独占できる
6か月以内に出版する義務
継続して出版する義務

著作物にかかわる権利の例外

著作物の公平な使用のために権利が許可なしでつかえることがあるよ。たとえば……

私的利用

自分や家族のたのしみだけのためなら著作物をコピーしてもいい。ただし、コピープロテクションを解除するのは違法。

無料ライブなどでの利用

無料ライブなどではつかってもいい。ただし、出演料がしはらわれる、入場料がかかるという場合は許可が必要。

学校の授業での利用

学校などで先生と生徒は授業につかうために著作物をコピーしたり加工したりできる。

図書館での利用

図書館は資料を利用者ひとりにつき1部コピーできる。
国立国会図書館は資料保存のため資料をデジタル化できる。また、絶版などになった資料をデジタル化して公共図書館に送信できる。

障害者のための利用

視覚障害、発達障害、色覚障害など著作物を見ることがむずかしい人のために、文字を点字にしてもいい。また、基本的に関連施設は文字を大きくする、録音するなどしてもいい。
聴覚障害、発達障害、難聴など著作物をきくことがむずかしい人のために、基本的に関連施設は文字放送、字幕や手話をくわえるなどをしてもいい。

手がきやパソコンで大きな文字に

著作物を多くの人が見て、きいて、読むことで文化はゆたかになるけど、著作者の権利も守らないといけない。バランスがむずかしいね。これで、発表をおわります

ありがとうございます

美結ちゃん、よくやった。なんか、権利のてんこもりで、ほんとたいへんだったね

さいごは、わたしが発表するね。まずは、農業の知的財産権である育成者権。みんな、品種改良って知ってるかな？

人はむかしからよい種をえらんで、じょうぶでよい作物をつくろうとしてきた。

よくそだったほうの種だよ

やがて、特徴のちがう品種をかけあわせることでよりよい作物を効率よくつくる研究がはじまった。これが品種改良。

おいしい

つよい

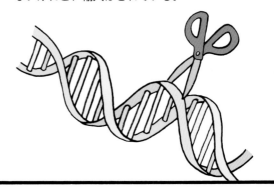

いまでは、遺伝子にわざと突然変異をおこさせる方法、遺伝子を人の手で組みかえる方法もある。遺伝子を組みかえた作物は日本では栽培されていないけれど、輸入はされている。

育成者権

育成者権とは、品種改良であたらしい品種をつくった人の権利。種や苗だけでなく、できた作物やその作物でつくった製品まで権利がおよぶよ。
永年性というのは、果物の木のように、いちどうえたら何年も実がなる植物のこと

育成者権
■関係する法律　種苗法
■どんな法律？
・あたらしい植物品種をつくり、そだてた人に、その品種にかんする独占権をあたえ農林水産業の発展をうながす
・独占権は、登録品種の種苗、収穫物、加工品におよぶ
■所管する部署　農林水産省
■審査　あり
■存続期間　登録日から25年、永年性植物は30年

販売に育成者の許可がいるもの

種苗

収穫物からできた加工品

ござ

収穫物

リンゴ、米

あんこ

■審査のポイント
・区別性がある　国内外ですでに売られたり、知られたりしている品種と区別できる
・均一性がある　おなじときに栽培したものが、すべてほぼおなじ特性をもつ
・安定性がある　特性が親から子へ子から孫へと安定してひきつがれる
・いちばん先に出願した　まったくおなじ品種なら、先に出願したほうを登録
・商品としてとりひきしていない
・品種の名が条件をみたしている

いままでにない品種であるのが基本。
さらに、いっしょにまいた種がすべておなじ特性をもった植物になり、その子も孫も、いつもおなじ特性をもっていないといけない。特性とは、花の形や色、実のなりかた、味などのこと

●商品としてとりひきしていない

ある期間よりまえにその品種の種苗を商品として売ったことがない。

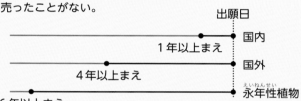

出願日
1年以上まえ　国内
4年以上まえ　国外
6年以上まえ　永年性植物

赤線の期間に売っていた場合、買った人はすでにその品種をたよりに農業をしている可能性がある。登録によりその人がその品種をつかえなくなるのをさけることが目的。

●品種の名が条件をみたしている

・名前は1品種につきひとつ
・すでにある品種の名でない
・ほかの品種の商標とおなじだったりにていたりしない
　品種名と商標はちがう。たとえばよく知られているイチゴの名でも、「あまおう」は登録商標、「とちおとめ」は登録品種名
・まぎらわしい名でない
　青くない花に「ブルーサン」という名をつけるのはまぎらわしい

他国との関係

登録品種の輸出は国によっては許可が必要。海外で許可なく増殖された登録品種の輸入は禁止されている。また現在、「自家増殖」について法律を他国にあわせるうごきがある。

自家増殖とは？

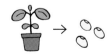

日本の農家はむかしから、収穫物の種苗をとっておいて、つぎの年の栽培につかってきた。これを自家増殖という。

OK

品種登録された種苗を買ってそだてた収穫物からも、あたらしい種苗がとれる。種苗法では、バラやしいたけなど一部の植物をのぞいて、登録品種の自家増殖をみとめている。

育成者

いっぽう、世界を見ると、育成者権を守ろうとするうごきから、許可のない自家増殖を禁止する国がある。日本でもこれにならった法改正の準備がすすんでいる。

地理的表示

地理的表示
■関係する法律　地理的表示法
■どんな法律？
・農林水産物・食品などの品質などが、ある産地と
　むすびついている場合に、その産物の名を知的財
　産として守る
■所管する部署　農林水産省
■審査　あり
■存続期間　期限なし（ただし、品質管理や正しい
　表示をしていることを毎年国に報告）

GIマーク
登録されると、地理的表示といっしょに
このマークを表示することになっている。

日本にむかしからある特産物や、村おこしなどでつくった産物の名前を、ほかの地域の商品につかわれないための制度。おもに飲食用の農林水産物やその加工品などが登録できるけど、お酒については、国税庁がべつにあつかっているよ

地域団体商標と両方あわせての登録もできるんですよね

そう。ただ、地域団体商標は自分たちでメンバーをきめられるのに対して、地理的表示もあわせてとったときには、その商標は地域の生産者みんながつかえるようになるので、注意が必要だよ

地理的表示と地域団体商標とのちがい

地理的表示	産品名で産地がわかる	25年ほどつかわれた名である	不正使用を国がとりしまる	おもに飲食用の農林水産物の名	登録後1度登録料をはらう。あとは1年ごとに品質をたもち正しく表示していることを国に報告
地域団体商標	地域名＋商品名	地域で名が知られていればいい	不正使用を自分でうったえる	すべての商品、サービス名	登録後10年ごとに登録料をはらって更新する

※「地域団体商標」については23ページを見よう

■審査のポイント
・生産物の特性と地域とのかかわり
・品名から産地がわかる
・普通名詞や、登録された商標でない
・その名が長年つかわれている
・生産者団体が申請

その土地の特色をいかして、25年間くらいつかわれてきたことがだいじ。また、その地域の生産者が、みんなで守ってきたものでないといけない

●生産物の特性と地域とのかかわり

例
・地域の気候や土・水の質が育成・漁などに適している
・むかしからその地域につたえられてきたつくりかた
・地域で産品の開発にとりくんだ歴史がある

●その名が長年つかわれている

・長年その地域に根ざした産品でなければいけない。目安として25年ほどつかわれていること

●品名から産地がわかる

・産地がついた名か、秋田県の「いぶりがっこ」のようにそれだけで産地がわかる名

ここだけ！

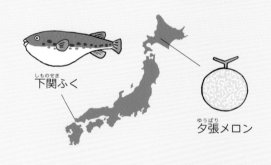

下関ふく

夕張メロン

●生産者団体が申請

・ひとりの人でなく、団体として申請する。生産者ならだれでもはいれる団体でないといけない

生産者団体

申請

許可

農林水産大臣

不正を国がとりしまる
ほかの知的財産とまったくちがうところは、登録された表示の不正使用を、国がとりしまること。不正な表示があった場合、国は表示をしないよう命令できる。したがわない場合、罰則もある

団体

とりしまりは、おまかせしまーす

品質・表示とりあつかいのチェック

農林水産大臣

とりしまり
罰則あり

不正使用者

商品等表示、営業秘密

さいごは、不正競争防止法という法律から、知的財産が不正につかわれることがないように権利を守るための部分を説明するね。
これは知的財産権だけにかぎった法律ではないけれど、それぞれの知的財産権にかんする法律のすきまをうめたり、強化したりしているんだ。
不正をやめさせたり、損したぶんのお金をしはらう損害賠償をもとめたりできるよ

商品等表示、営業秘密
■関係する法律　不正競争防止法
■どんな法律？
・事業者が公正にきそいあい、国際的な約束を守れるようにすることで、不正をふせぎ、経済をすこやかに発展させる
■所管する部署　経済産業省
■登録はなく、不正の疑いがおきてから違反かどうかを判断する

この法律で禁止されていること

ニセの表示

商標、パッケージなどを、有名な商品ににせてつくる。また、にた看板などをつかう。

ニセの商品

有名な商品に形をにせる。ただし発売から3年以内の商品にかぎる。

にてるけどなんかちがう

ニセのブランド

有名なブランドの名前やマークとにたものをつかい、そのブランド名にただのりしたり、ブランド名をきずつけたりする。

ニセモノ

これらの商品は輸入も禁止されている。

ニセモノです。あずかります

数年でつくられなくなるような、はやりすたりのある商品は、時間とお金がかかる意匠・商標登録にはむかない。それらはこの法律で守られる。

営業秘密をぬすむ

ほかの企業できちんと守られている秘密をぬすんで、自分でつかったりほかの人に見せたりする。
たとえば顧客名簿、価格情報、製造方法、設計図面など。

コピーガードなどをはずす

楽曲、映画、写真、ゲームなどをコピーできなくするしくみをはずしたり、有料チャンネルを見られるようにしたりする装置やサービスを売る。

ドメイン名を不正につかう

有名な会社名とおなじ、またはにたドメイン名をつかって利益をえたり、その会社の名をきずつけたり、そのドメイン名をその会社に高く売りつけたりする。

ドメイン名とはインターネット上の住所
URL では http://www.chizaigakuen.jp の
chizaigakuen.jp の部分
メールアドレスでは hino@chizaigakuen.com
の chizaigakuen.com の部分

ふつうドメイン名には、ひとめでどこの企業のホームページやメールアドレスかがわかる文字がつかわれている。

ニセの原産地を表示する

たとえば、ほかの場所が産地の牛肉に「松阪牛」と表示する。

外国の国旗や国際機関の印を商標につかう

国際機関の印とは、国際連合旗やオリンピックのマークなどのこと。

外国の国旗　　国際連合旗

知的財産のスタートラインに立つ

すばらしい発表だったよ。
よく、ここまでまとめた

パチ パチ

どうやったら、わかりやすく
つたえられるか、いろいろ
頭をなやませたよね

この資料は
わたしたちの
著作物だよ

みんな、
著作者だ！

こうやって、あらためて
説明してもらうと、
知的財産ははばがひろい
ことがよくわかったよ

人類は知能でいろんな
ものごとをつくりだして
きたのですね

知能があるのさ

たいへんだった
けど、しらべて
よかった

うん、著作者の権利はきみたちにいますぐ
役立つことだ。そのほかの権利も、
将来どんな職業につくにしろ、これからの
時代はついてまわるからな

知的財産について、
ほかのみんなにも
知ってほしいです

あのー、
提案なんですけど

学園祭で、
発表しませんか？

さくいん

協力（敬称略・50音順）

公益財団法人日本デザイン振興会

日清食品ホールディングス株式会社

●監修　細野哲弘（ほその・てつひろ）

1952年、岐阜県生まれ。京都大学経済学部卒。1976年通商産業省（現経済産業省）入省。2度の海外勤務、通商貿易、流通関係部局勤務などを経て、2009年特許庁長官に就任。他に製造産業局長、資源エネルギー庁長官などを歴任。2011年9月退官。2018年より独立行政法人石油天然ガス・金属鉱物資源機構（JOGMEC）理事長。

●文　おおつかのりこ

福島県で生まれ育つ。2007年にはじめての翻訳書『シャンプーなんて、だいきらい』（徳間書店）を出版する。著書に『元号ってなんだろう　大化から令和まで』（岩崎書店）、共著に『イラスト案内社会のしくみ図鑑』（玉川大学出版部）、訳書に『モルモット・オルガの物語』（PHP研究所）など。JBBY会員、やまねこ翻訳クラブ会員。

●絵　藤原ヒロコ（ふじわら・ひろこ）

1972年、大阪府生まれ。武蔵野美術大学視覚伝達デザイン学科卒。パレットクラブでイラストを、あとさき塾で絵本を学ぶ。書籍、雑誌の挿絵を中心に活動中。創作絵本に『きみちゃんとふしぎねこ』（ひさかたチャイルド）、挿絵に『育育児典』（岩波書店）、『かあさんのしっぽっぽ』（BL出版）、『まいごのアローおうちにかえる』（佼成出版社）など。

ブックデザイン：オーノリュウスケ（Factory701）

企画・編集・制作：本作り空Sola
http://sola.mon.macserver.jp/

学校で知っておきたい知的財産権
②権利をくわしく知ろう　法律編

2020年11月　初版第1刷発行
監修者　細野哲弘
著　者　おおつかのりこ
画　家　藤原ヒロコ
発行者　小安宏幸　担当編集：門脇大
発行所　株式会社汐文社
〒102-0071　東京都千代田区富士見1-6-1
TEL 03-6862-5200　FAX 03-6862-5202
https://www.choubunsha.com
印　刷　新星社西川印刷株式会社
製　本　東京美術紙工協業組合

ISBN978-4-8113-2777-8